AF375044

خُطَّة أُرْنوب

تأليف: بسمة الخاطري
رسم: سوسن نور الله

«ماذا سَأُقَدِّمُ إلى كائِناتِ الغابَة؟»، هَكَذا كانَ «أرْنوب» يُفَكِّرُ أمامَ جُحْرِه.

فَراحَ يَمْشي ويُرَدِّدُ كَلامَ المُعَلِّمَة: «أُريدُ خُطَّةً لِسَنَةٍ كامِلَةٍ».

قالَ «أزْنوب» في نَفْسِه: «وماذا يَمْلُكُ الفُقَراءُ لِيُقَدِّموه؟ حَتّى الجَزَرُ نَفِدَ مِنْ جُحْري!».

ثُمَّ شَعَرَ بِحُزْنٍ شَديدٍ.

راحَ «أرْنوب» يَمْشي، ويَتَذَمَّرُ قائِلًا: «سَيَقولُ أَهْلُ الغابَةِ إنَّ أرْنوب لَمْ يُقَدِّمْ شَيئًا».

وفَجْأَةً، مَرَّ الخُلْدُ «خَلْدون»...

سَأَلَهُ «أرْنوب»: «أيْنَ تَذْهَبُ يا خَلْدون؟».

أجابَ «خَلْدون» مُبْتَسِمًا: «سَأُساعِدُ عائِلَتي في زِراعَةِ البَطاطا، وسَأُقَدِّمُ إلى الكُلِّ حَساءَ البَطاطا عِنْدَ القِطاف».

فكَّرَ «أزْنوب»: «خَلْدون لَدَيْهِ ما يُقَدِّمُهُ

إلى الآخَرين».

تَوَجَّهَ «أزْنوب» إلى البُحَيْرَة، ورَأى البَطَّةَ
«بَطّوطة» تُنَظِّفُ البُحَيْرَة مَعَ فِراخِها.

قالَتْ «بَطّوطة»: «سَنُقَدِّمُ إلى كائِناتِ البُحَيْرَةِ بُحَيْرَةً نَظيفَةً نَقِيَّةً».

عَلَّقَ «أرْنوب»: «رائِعٌ! هَذا عَمَلٌ يُفيدُ الغابَةَ كُلَّها».

ثُمَّ فكَّر: «ما أَهَمِّيَّةُ وُجودي في غابةٍ لا أَملِكُ فيها ما أُقَدِّمُهُ إلى الآخَرين؟».

وَصَلَ إلى حَقْلِ الكَرَزِ ورَأى الدُّبَّ «دَبْدوب»، فَسَألَهُ: «إلى أيْنَ تَحْمِلُ العَسَلَ؟ لِماذا لا تَأْكُلُه؟».

فَأجابَ «دَبْدوب»: «قَرَّرْتُ ألّا أكونَ طَمّاعًا، سَأُقَدِّمُ بَعْضَ العَسَلِ إلى الطّائِرِ الطَّنّان».

فَكَّرَ «أرْنوب»: «سَأفْعَلُ مِثْلَ دَبْدوب،
سَأُوَزِّعُ العَسَل».

لَكِنَّهُ لَمْ يَتَمَكَّنْ مِنْ إخْراجِ العَسَلِ مِنْ خَلِيَّةِ النَّحْلِ، فَحَزِنَ وقال: «لَنْ أكونَ مِعْطاءً كَدَبْدوب».

بَعْدَ قَليلٍ، سَمِعَ «أَرْنوب» صَوْتَ القِرْدِ «قَرْدان»، وهُوَ يُنادي: «أنا قَرْدانُ البَهْلَوان، سَأُقَدِّمُ عُروضًا مُسَلِّيَةً إلى الإنْسانِ والحَيَوان».

في تِلْكَ الأثْناء، شَعَرَ «أرْنوب» بِالحُزْن،
وراحَ يَمْشي مِنْ دونِ هَدَفٍ...

مَرَّ بِالفَأْرِ «فَأرون»، فَوَجَدَهُ حَزينًا أيْضًا.

وسَأَلَهُ عَنْ سَبَبِ حُزْنِه، فَقالَ «فَأرون»: «لَدَيَّ واجِبٌ مَدْرَسِيٌّ في مادَّةِ الحِسابِ، وأنا لا أُجيدُ الحِسابَ».

ابْتَسَمَ «أرْنوب»، وهَتَف: «أنا سَأُساعِدُكَ!».

ساعَدَ «أرْنوب» «فَأْرون»، ثُمَّ عادَ إلى بَيْتِهِ سَعيدًا.

خُطّة لعامٍ كامل

في اليَوْمِ التّالي، قالَ «أَرْنوب» لِمُعَلِّمَتِه: «خُطَّتي أنْ أُعْطِيَ دُروسًا مَجّانِيَّةً إلى الحَيَواناتِ الَّتي تَحْتاجُ إلى مُساعَدَةٍ».

أرنوب

أُعْجِبَتِ المُعَلِّمَةُ بِخُطَّةِ «أرْنوب» المِعْطاء!

أُرنوب
الأستاذ أرنوب للتدريس الخصوصيّة المجّانيّة

أمّا «أرْنوب»، فَعَلَّقَ عِنْدَ بَيْتِهِ لافِتَةً لِيُخْبِرَ الكُلَّ أنَّهُ سَيُعْطِي دُروسًا خُصوصِيَّةً مَجّانِيَّةً.

فَجاءَ إِلَيْهِ الطُّلّابُ، وصارَ «أَرْنوب» مِعْطاءً.

وا**سْتَحَقَّ** وِسامَ الغابَةِ لِلعَطاءِ والتَّمَيُّز.